# jour de mort crânes de sucre

## Livre de coloriage anti-stress

illustré par Antony Briggs

Ce livre appartient à :

..........................

COLORIAGE EST COMPLIQUÉ
www.complicatedcoloring.com

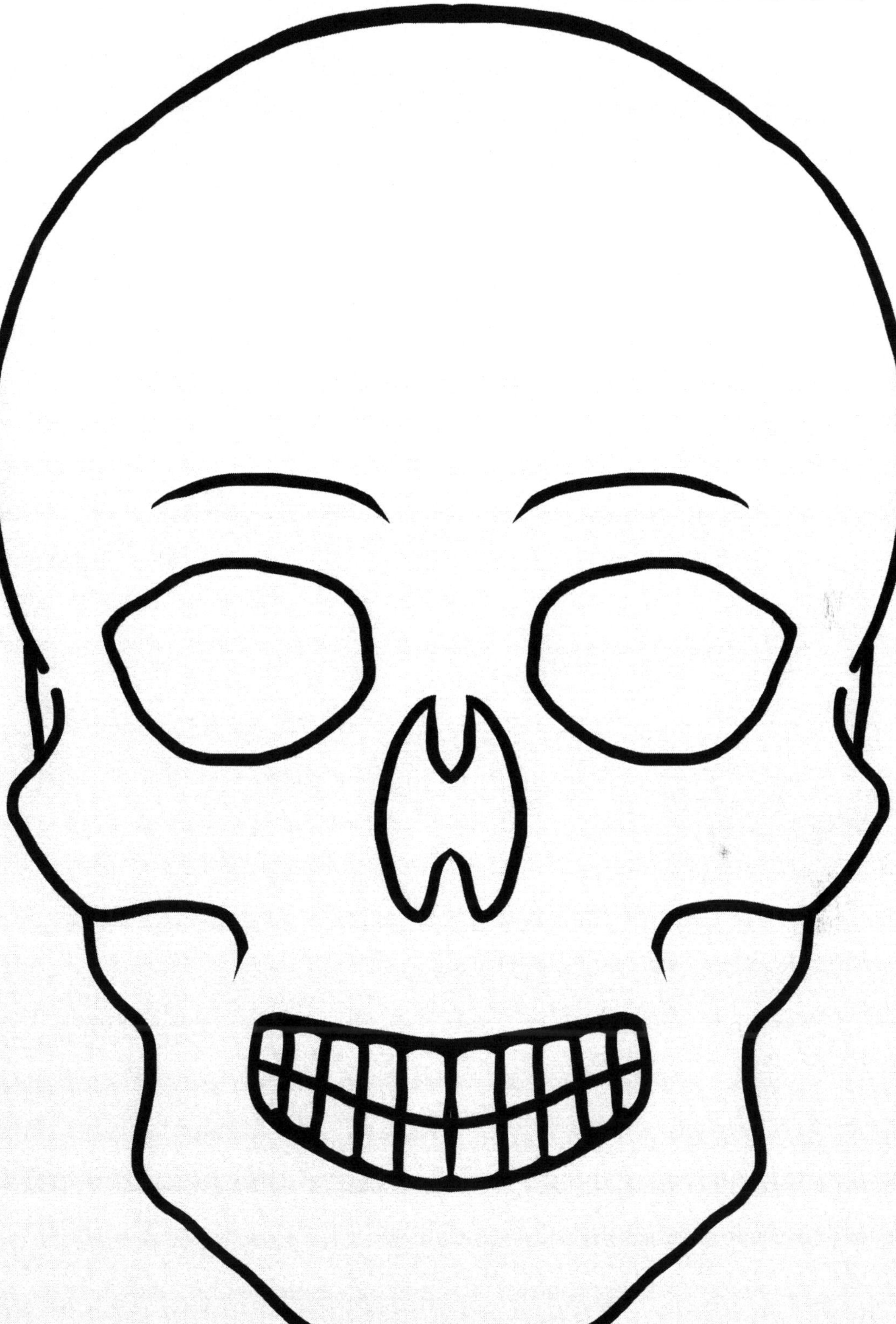

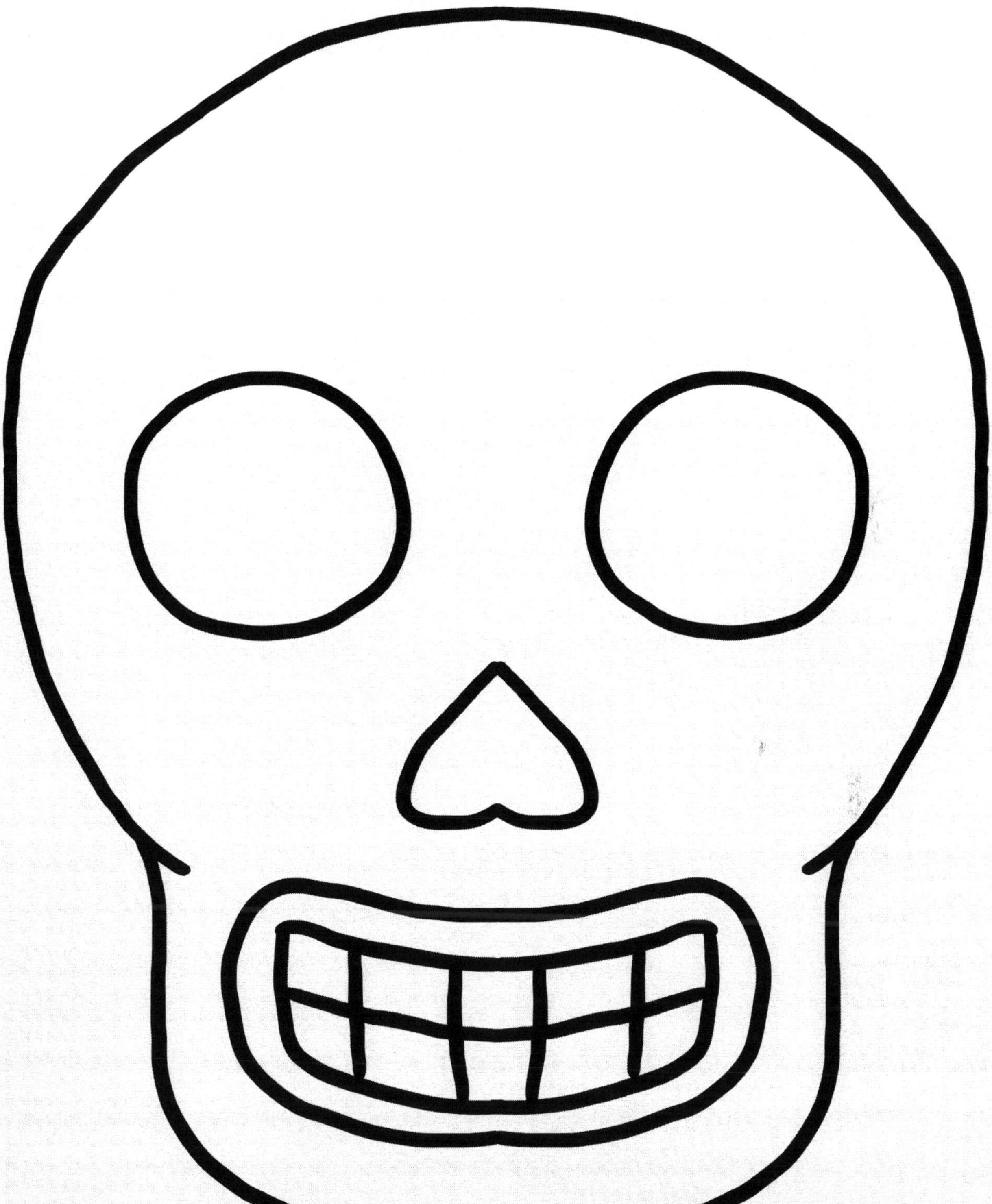

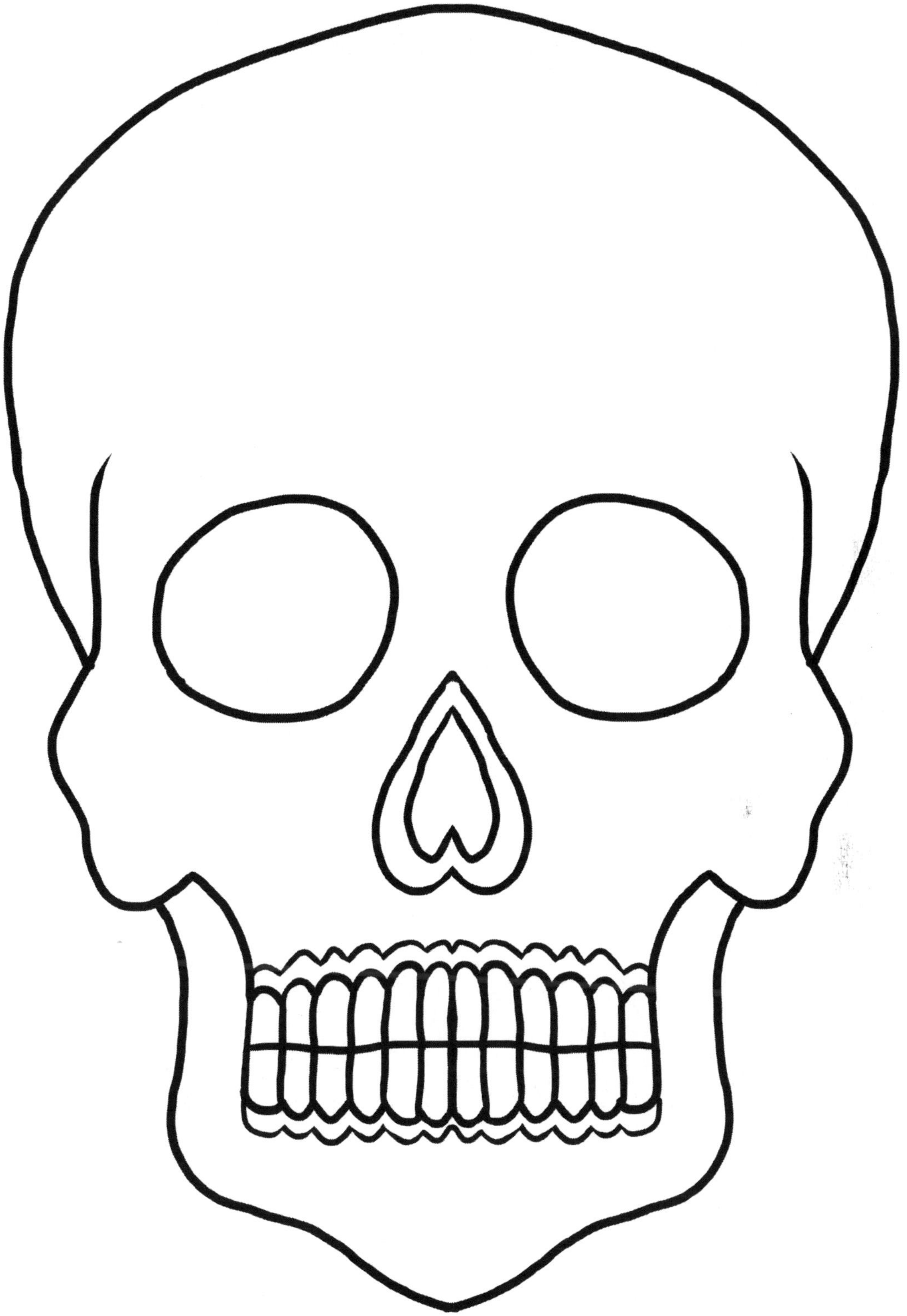

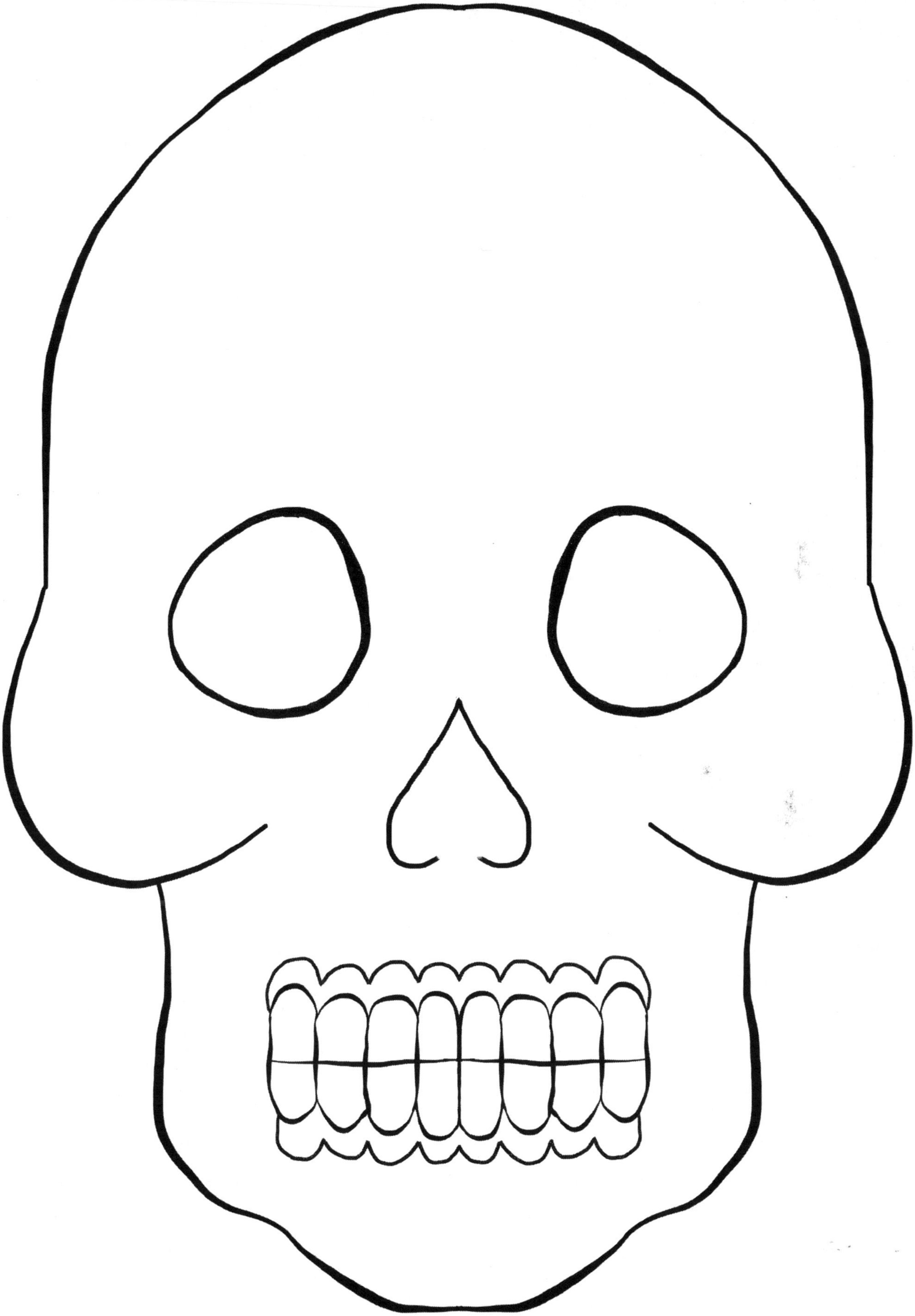

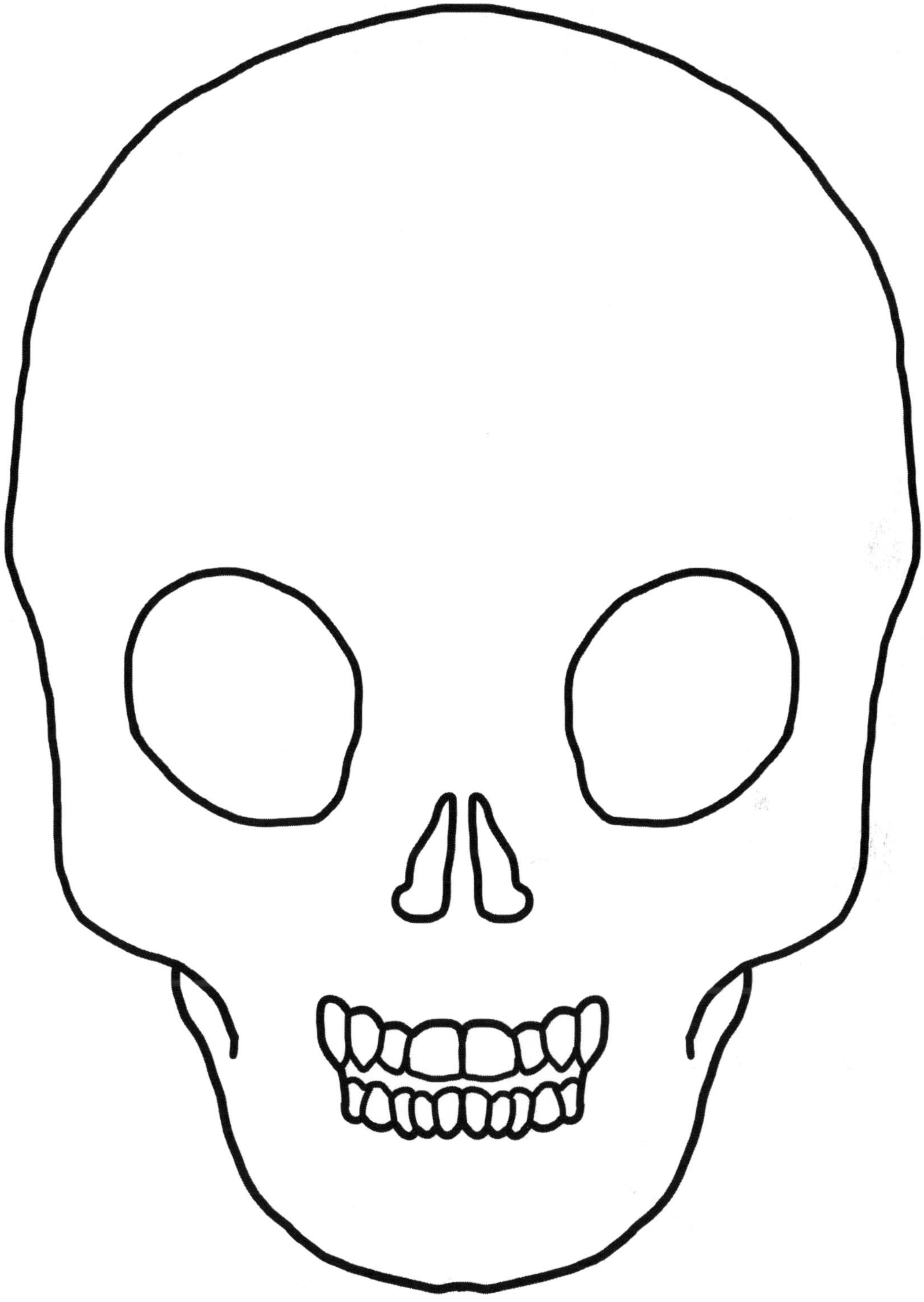

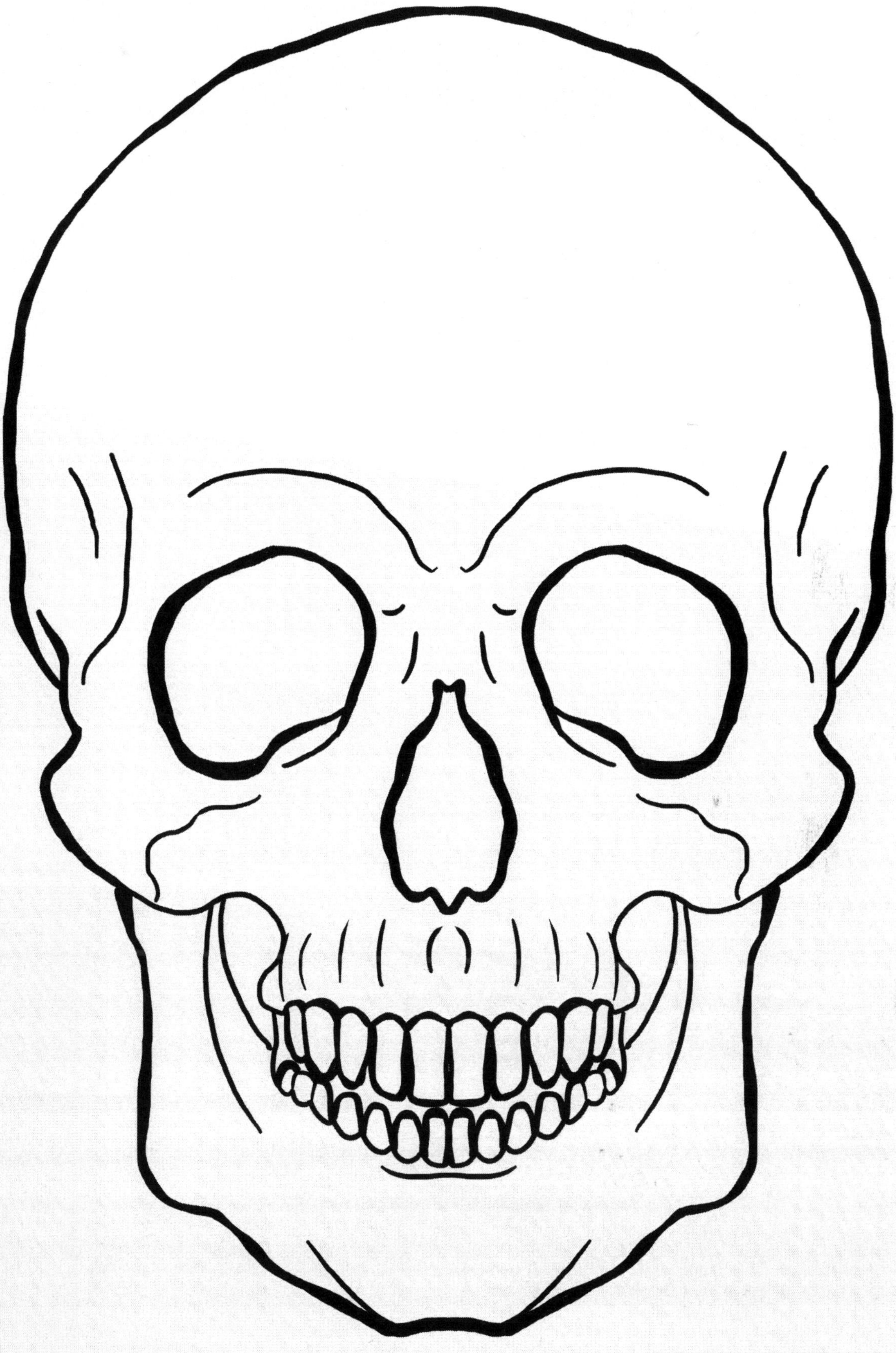

# Fin.

COLORIAGE EST COMPLIQUÉ
www.complicatedcoloring.com

Si vous avez apprécié ce livre s'il vous plaît laissez un commentaire sur Amazon

11542302R00057

Printed in Great Britain
by Amazon.co.uk, Ltd.,
Marston Gate.